AF260272

LES

CONDITIONS DU TRAVAIL

EN ITALIE

LE RECUEIL DE RAPPORTS

SUR

LES CONDITIONS DU TRAVAIL

COMPREND LES PAYS SUIVANTS

ALLEMAGNE.	ITALIE.
AUTRICHE-HONGRIE.	PAYS-BAS.
BELGIQUE.	PORTUGAL.
DANEMARK.	RUSSIE.
ESPAGNE.	SUÈDE ET NORVÈGE.
ÉTATS-UNIS.	SUISSE.
GRANDE-BRETAGNE.	

LES
CONDITIONS DU TRAVAIL
EN ITALIE

RAPPORT

ADRESSÉ AU MINISTRE DES AFFAIRES ÉTRANGÈRES

Par M. BILLOT

AMBASSADEUR DE LA RÉPUBLIQUE FRANÇAISE A ROME

BERGER-LEVRAULT ET Cie, ÉDITEURS

PARIS — NANCY

5, RUE DES BEAUX-ARTS — 18, RUE DES GLACIS

1891

LES
CONDITIONS DU TRAVAIL
EN ITALIE

CARACTÈRES GÉNÉRAUX DE LA QUESTION
OUVRIÈRE

A l'une des premières séances de la conférence interna-
tionale de Berlin, le premier délégué de l'Italie, M. le séna-
teur Boccardo, posait en fait que « l'industrie manufacturière
de l'Italie en est encore à ses débuts et qu'elle est loin d'avoir
atteint le degré de développement des industries des grands
pays de production européenne ». Il ajoutait qu'à certains
points de vue, la position de l'Italie est différente de celle des
autres États, à cause des conditions géographiques et économiques du pays.

Les caractères généraux de la question ouvrière dans la
Péninsule se trouvent condensés dans ces deux observations.

Ce n'est guère que dans la Haute-Italie qu'existe la grande
industrie, caractérisée par le fonctionnement de puissantes
usines et par des agglomérations d'ouvriers. Mais, par suite
des conditions des marchés intérieurs, de la mesure encore

restreinte de la production, des aptitudes propres aux populations de ces régions, les travailleurs n'y rencontrent pas ces difficultés qui sont signalées ailleurs. Ils peuvent se suffire, épargner même, améliorer leur position, et ils ne font entendre aucune de ces réclamations pressantes qui soient un sujet de préoccupations immédiates. Le centre et le sud de l'Italie sont plutôt des régions agricoles qu'industrielles. Sauf dans quelques grandes villes, on n'y compte que de petits ateliers, réunissant un personnel restreint. Malgré les difficultés provenant de la modicité des salaires et de la concurrence, les ouvriers mènent une vie que la douceur du climat et des habitudes anciennes leur rendent tolérable. Du moins ne se montrent-ils jusqu'à présent disposés à aucun de ces mouvements provoqués par un désir impérieux de réformer leur situation. Dans les campagnes, les travailleurs ont un sort encore plus pénible; mais leurs besoins sont réduits au minimum par des mœurs frugales, et l'émigration atténue les inconvénients du nombre. Ni les uns ni les autres n'ont la pensée ni les moyens de formuler efficacement des revendications sociales.

Le Gouvernement et les législateurs ne se trouvent donc pas en présence de réclamations dont le règlement s'impose à leur sollicitude avec l'urgence qu'il présente en d'autres pays. Cependant, ils ne ferment pas les yeux devant le devoir d'humanité et de civilisation qui leur incombe, ils travaillent à améliorer l'état de la classe ouvrière; mais ils y mettent les tempéraments nécessaires pour ne pas faire naître une agitation intempestive, par des mesures prématurées. En même temps, ils s'efforcent de tenir compte des conditions toutes spéciales qui résultent du climat, de la race et des traditions. Ces préoccupations se sont accusées nettement à la Conférence de Berlin, où les délégués italiens ont dû formuler de nombreuses réserves et marquer plus d'une fois qu'il ne saurait être question d'exiger de l'Italie une législation semblable à celle dont le temps a sonné peut-être sous une autre latitude.

En définitive, la question ouvrière n'a pas, en Italie, le

caractère critique qui paraît en rendre ailleurs le règlement nécessaire et urgent. De plus, l'influence du milieu et le caractère de la race y permettent le maintien de pratiques et de règlements particuliers, dont les populations de nos cités industrielles ne pourraient s'accommoder. L'étude des besoins constatés et des progrès réalisés dans le royaume ne peut donc fournir que peu d'enseignements applicables aux pays du nord.

NOMBRE DES OUVRIERS

PAR RAPPORT A CELUI DES PATRONS

Le tableau joint à ce travail (v. ci-après p. 45) présente un relevé, exact dans la plupart des cas, approximatif seulement dans quelques autres, du nombre des patrons et des ouvriers occupés dans les fabriques italiennes, sinon pour toutes les industries, au moins pour celles qui ont le plus d'importance dans le royaume. Les données en sont empruntées, soit au recensement général de la population du 31 décembre 1881, soit à la statistique industrielle entreprise postérieurement, mais non encore terminée.

Sous le titre de *patrons* on y a compris, outre les chefs de fabrique, les enfants occupés, sans rétribution fixe, dans la profession du père, et les artisans qui prennent du travail en leur nom propre, alors même qu'ils en poursuivent l'exécution sans aide. Sous la rubrique *ouvriers* sont classés tous ceux qui sont dépendants et salariés, même ceux qui reçoivent du travail à domicile pour le compte d'autrui.

D'après cette statistique, les *principales* industries du royaume occupent, en chiffres ronds, 77,000 patrons et 800,000 ouvriers. En d'autres termes, le nombre des patrons, par rapport à celui des ouvriers, est environ comme 1 est à 10. On n'en doit pas déduire, évidemment, que chaque patron occupe d'ordinaire une dizaine d'ouvriers; en pareille matière, il est impossible d'établir une moyenne générale,

en ne tenant pas compte de la nature et du mode d'organisation très différents des industries diverses. Tout au plus
en peut-on conclure que le travail est, en Italie plus qu'ailleurs, divisé en un grand nombre de petits ateliers.

Ces conclusions sont confirmées par les observations recueillies dans chacune des provinces.

En Piémont, on rencontre cinq établissements occupant
chacun plus de mille ouvriers, une vingtaine qui en réunis-
sent de 500 à 1,000, et 134 qui en ont de 100 à 500.

En Ligurie et en Lombardie, les conditions sont à peu près
les mêmes qu'en Piémont.

Dans la Vénétie, la grande industrie est moins développée,
si l'on en excepte les provinces de Vicence et de Venise.

Dans l'Italie centrale, la région la plus importante au point
de vue industriel est la Toscane : pour le midi, la province
de Naples. — La Sicile, la Sardaigne et la Romagne ont une
importance spéciale pour l'industrie minière.

NOMBRE DES ATELIERS ET MANUFACTURES

Le nombre des ateliers et manufactures en Italie se trouve déterminé, approximativement, par celui des patrons qui, d'après le chapitre précédent, s'élève à environ 77,000 pour les principales industries du royaume.

Pour en connaître la répartition par genres et la force de production, on peut se reporter au chapitre de l'*Annuaire statistique* pour 1890, qui est spécialement consacré à l'industrie. Il suffira, pour en faire ressortir la nature et l'intérêt, d'en noter ici quelques données.

Un premier paragraphe est consacré à la production, au commerce et à l'emploi des combustibles. On y voit que, de 1886 à 1888, la valeur des combustibles consommés s'est accrue de 110 à 142 millions de francs. La plus grande partie vient du dehors. L'importation du charbon, qui ne cesse de s'accroître, fournissait en 1888 plus de 77 p. 100 de la quantité consommée. A ce point de vue, l'Italie est donc tributaire de l'étranger dans une large mesure. C'est, pour l'industrie nationale, une cause évidente d'infériorité.

Mais il convient de remarquer que l'emploi, plus économique, des forces hydrauliques supplée, en grande partie, à l'application de la vapeur. A la fin de 1886, les moteurs hydrauliques développaient une force de plus de 475,000 chevaux, tandis que les chaudières à vapeur ne donnaient pas une force supérieure à 160,000 chevaux.

La production des mines a été en progression constante

depuis 1871. A cette époque, le nombre des ouvriers employés à ce travail ne dépassait guère 30,000 ; en 1888, il était de près de 50,000. Dans le même temps, la quantité de tonnes extraites passait de 525,000 à plus de 1,100,000, et la valeur de la production de 42 à plus de 52 millions de francs.

La valeur des machines fabriquées dans le royaume était de 12 millions en 1860 et de 40 millions en 1880. En y comprenant les produits des établissements entretenus par les ministères de la guerre et de la marine, la valeur s'en élève aujourd'hui à plus de 100 millions par an, et tend constamment à augmenter.

Le nombre des usines à gaz, qui est aujourd'hui de plus de 125, s'accroît aussi d'une façon continue, ainsi que celui des établissements pour la production de la lumière électrique et pour les services téléphoniques.

La production des carrières, pour l'extraction des pierres et la fabrication de la chaux, était estimée à environ 85 millions en 1880 ; elle est aujourd'hui d'au moins 100 millions.

La production du sel gemme dépasse 400,000 tonneaux et fournit une exportation de plus de 110,000.

La fabrication des produits chimiques était représentée, en 1885, par une valeur de 13 millions et demi, et n'a cessé depuis lors de s'accroître.

En résumé, les industries minières, métallurgiques, mécaniques et chimiques représentent ensemble, pour le royaume, une production annuelle d'au moins 300 millions de francs, et fournissent du travail à environ 200,000 ouvriers.

Nous nous bornons à ces indications, qui permettent d'apprécier le développement d'un groupe important de manufactures, la part qu'elles fournissent aux ressources du royaume et le nombre de bras qu'elles occupent. Pour les renseignements complémentaires et pour les autres espèces d'établissements industriels, nous renvoyons à l'*Annuaire statistique* du royaume pour 1890.

CONDITION DE L'OUVRIER

AU POINT DE VUE POLITIQUE, SOCIAL ET ÉCONOMIQUE

Au point de vue politique, on peut dire, d'une manière générale, que les ouvriers sont dans la même condition que les autres citoyens. Pour les élections législatives, la loi électorale reconnaît la qualité d'électeurs à tous ceux qui jouissent de leurs droits civils et politiques, qui sont majeurs de 21 ans, savent lire et écrire, et acquittent annuellement, à titre de contribution directe, un cens de 19 fr. 80 c. Pour les élections administratives, ils doivent en outre, d'après la loi communale et provinciale, justifier d'un domicile, du paiement d'une contribution directe dans la commune, ou d'une taxe communale de 5 fr., ou d'un prix de loyer déterminé d'après le nombre des habitants de la commune. Leur éligibilité est réglée, tant en matière législative qu'administrative, comme pour les autres citoyens. Le droit de réunion leur est garanti.

Si la loi est égale pour tous, des différences sont signalées suivant les régions, en ce qui touche la façon dont les intéressés savent user de leurs droits politiques.

Au Nord, notamment en Ligurie et en Lombardie, l'ouvrier exerce d'année en année une plus grande action politique. Il institue des sociétés électorales et des comités puissants, pour soutenir ses intérêts spéciaux. Il a déjà une influence dans les élections, les dirige parfois, se fait une place dans les conseils communaux, il a même fait son entrée au Parlement. Mais il comprend le prix de l'ordre et il est attaché aux institutions de son pays.

C'est du perfectionnement graduel et légal de ces institutions qu'il attend le progrès, et non des doctrines radicales auxquelles il demeure jusqu'à présent réfractaire. Il apprécie la force de l'association. Il est généralement sobre et rangé, suffit par son travail à ses besoins et à ceux de son ménage. Il apprécie la considération dont il jouit, il a d'ailleurs conscience de sa force et du rôle que l'avenir réserve à ses efforts patients et intelligents.

Dans le centre de l'Italie, les ouvriers n'ont conquis, ni au point de vue politique, ni au point de vue social, une place égale à celle de leurs confrères du Nord. Relativement moins nombreux et moins disciplinés, ils n'exercent pas une influence aussi appréciable sur les questions de politique intérieure.

Dans les provinces du Sud et en Sicile, leur condition est inférieure encore. Beaucoup sont illettrés. Tous luttent péniblement contre les difficultés de la vie. Cependant on ne signale aucune tension dans leurs rapports avec les patrons. Ils ne s'occupent pas de politique intérieure et font peu d'opposition ; ils acceptent leur sort avec une bonne humeur résignée et suivent avec docilité l'action des autorités. La propagande anarchiste et révolutionnaire ne fait, parmi eux, qu'un nombre insignifiant d'adhérents.

Des différences non moins sensibles se remarquent en ce qui touche la condition économique des ouvriers italiens. Dans la Ligurie, dans le Piémont et dans la Lombardie, le travail leur fournit, sans excès de peine, les moyens d'assurer l'existence de leur famille, d'épargner même et d'améliorer progressivement leur sort. La preuve en est qu'ils ne fournissent à l'émigration qu'un contingent insignifiant. A l'Est et dans le Centre, la situation est moins satisfaisante, le travail moins rémunérateur, la dépense plus lourde. Au Sud, les couleurs sombres du tableau sont encore plus chargées. L'ouvrier est, le plus souvent, dans la gêne ou la misère ; il doit réduire ses besoins au strict nécessaire et s'imposer de constantes privations. S'il parvient à se suffire et à subvenir aux dépenses de son ménage, il le doit à ses vertus propres, à ses habitudes sobres, aux dons heureux de son caractère et au sentiment de solidarité qui unit générale- ment les membres de la famille.

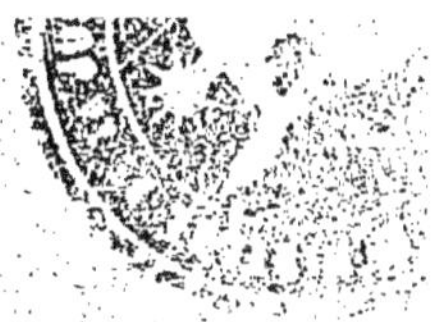

SALAIRES

RAPPORT ENTRE LE PRIX DE LA MAIN-D'ŒUVRE, LE CHIFFRE DE LA PRODUCTION ET LE PRIX DES SUBSISTANCES

Le taux des salaires s'est beaucoup augmenté en Italie depuis 1862. C'est un fait général qui comporte de rares exceptions ; par exemple, les salaires des ouvriers attachés aux filatures de soie sont restés à peu près stationnaires, par suite de la crise que traverse l'industrie séricicole ; aux mines de soufre de la Romagne, ils se sont même abaissés par d'autres motifs. Toutefois, il est certain que les salaires, évalués en argent, sont, en général, beaucoup plus élevés qu'il y a 20 ou 25 ans. Comme le prix des subsistances, notamment celui des céréales, a diminué généralement, il en résulte que l'amélioration de la situation économique des salariés est devenue doublement sensible.

L'*Annuaire statistique* du royaume pour 1890, au chapitre des salaires des ouvriers attachés à quelques industries, présente le relevé, année par année, de 1871 à 1889, de la rétribution de l'heure du travail, telle qu'elle résulte de la moyenne générale annuelle pour les diverses catégories d'ouvriers de sept fabriques ; on a seulement exclu de ce calcul le travail des femmes et des enfants, qui se prête moins à la comparaison, et les salaires exceptionnels de quelques employés spéciaux. Rapprochées du prix moyen du froment, ces données permettent de savoir combien d'heures de travail doit donner un ouvrier pour se procurer un quintal de froment. Il en résulte que, pour acheter son pain, l'ouvrier n'a besoin aujourd'hui que de la moitié des heures de travail qu'il devait donner il y a 25 ans, et même 13 ans.

Quant au vin, à la viande, à l'huile, denrées qui représentent dans l'alimentation des ouvriers italiens une valeur beaucoup moindre que celle des céréales, on peut dire que les prix ne tendent pas à s'abaisser. Mais, par contre, l'abaissement des prix des autres aliments est très notable, par exemple, du sucre et du café, dont l'usage se répand de plus en plus dans la classe ouvrière.

Les tableaux contenus dans l'*Annuaire statistique* indiquent les salaires moyens des ouvriers employés dans les fabriques de coton, de laine, de chanvre, de papier et de stéarine, dans les industries minières et métallurgiques ; ils contiennent, en outre, des informations sur les changements survenus durant les années dernières. D'autre part, le rapport général, publié par la Direction générale de la statistique, sous ce titre : *Résultats de l'enquête sur les conditions hygiéniques et sanitaires dans les communes du royaume*, fournit des renseignements précis et détaillés (pages CXXXIV, 123 à 130) sur la vie des familles d'ouvriers dans les centres industriels, sur la qualité, la quantité moyenne et le prix des denrées qu'elles consomment habituellement par semaine. On a ainsi tous les éléments nécessaires pour apprécier la condition qui leur est faite.

Il faut aussi tenir compte des différences qui existent, à ce point de vue, entre les diverses provinces du royaume. Ici encore, on est amené à constater la situation particulièrement favorisée des provinces du Nord ; la moyenne des salaires y est relativement élevée et la vie plus facile. Dans le Sud, le taux des salaires est moindre, parfois insuffisant, et le sort des travailleurs souvent misérable.

En ce qui touche le rapport entre la valeur de la main-d'œuvre et celle de la production, on n'a pu réunir que des

renseignements très incomplets. La dernière serait rarement
supérieure au triple de la première. Cette proportion tendrait
même à s'égaliser dans les provinces de l'Italie méridionale,
où le patron, par suite du faible produit du travail des ouvriers, tire peu d'avantages du taux minime des salaires qu'il
leur paie. Mais de telles conclusions ne doivent être accep-
tées que sous réserves, à cause de l'insuffisance des renseignements d'où elles sont tirées.

INTERVENTION DES POUVOIRS PUBLICS

DANS LE CONTRAT DU TRAVAIL

Ni la loi ni l'administration n'interviennent, en Italie, pour régler ou limiter les stipulations des contrats de travail. Aucun règlement législatif ne soumet les industriels, les entrepreneurs, les adjudicataires de travaux publics, etc., à des obligations relatives à la durée de la journée des adultes, au repos du dimanche, à un minimum de salaires, etc. L'intervention de l'autorité se produit parfois, en dehors de la loi, notamment dans les cas de grèves, pour faciliter la conciliation, ou assurer le maintien de l'ordre ; quelquefois, elle s'exerce au profit des ouvriers, d'une manière officieuse, pour déterminer une augmentation équitable de salaires. Mais, le plus ordinairement, le contrat de travail s'établit librement, et les difficultés qui en surgissent se règlent directement entre les parties. Il en résulte qu'en fait, l'ouvrier n'a qu'un recours inefficace auprès des juridictions ordinaires, et que, surtout dans les provinces du Sud et dans la Sicile, il reste à la discrétion des patrons, à défaut des moyens et des ressources nécessaires pour faire valoir ses revendications.

MESURES PRISES

EN CE QUI CONCERNE LES ÉTABLISSEMENTS DANGEREUX

OU INSALUBRES

Pour apprécier les mesures prises, en Italie, en ce qui concerne les établissements dangereux ou insalubres, il faut se reporter à la loi du 22 décembre 1888 sur l'organisation de l'administration et de l'assistance sanitaire dans le royaume (art. 37 et 38), et au règlement du 9 octobre 1889 (art. 85 à 94) pour l'application de ladite loi.

La loi dispose, en premier lieu (art. 37), que la macération du lin, du chanvre et des plantes textiles, ne pourra être faite que dans les lieux, à une distance des habitations et sous les conditions qui seront déterminées par des règlements spéciaux. Elle prescrit, en second lieu (art. 38), que les établissements insalubres seront divisés en deux classes : la première comprenant ceux qui doivent être isolés dans les campagnes et loin des habitations, la seconde, ceux qui exigent des précautions particulières pour la sauvegarde du voisinage.

Le règlement du 9 octobre 1889 règle les conditions d'application de la loi, le mode de surveillance, les recours ouverts aux industriels contre le classement assigné à leurs établissements et contre les conditions qui leur paraissent indûment imposées.

En fait, il a été dressé deux tableaux des industries insalubres. Le premier énumère les travaux réputés d'une manière absolue périlleux et insalubres : on y trouve comprises 21 industries diverses, dont 15 relatives aux produits chimiques, et 6 aux industries métallurgiques ou autres. Dans la seconde classe sont rangés les travaux qui, quoique périlleux et insalubres, peuvent être permis aux enfants, sous des conditions déterminées.

Il y a lieu de constater que, dans les provinces du Nord et du Centre, les conditions hygiéniques dans lesquelles l'ouvrier travaille sont excellentes ou laissent peu à désirer ; dans les provinces du Sud, l'application des règlements serait moins rigoureuse et moins efficace.

PROTECTION

DES ENFANTS, DES FILLES ET DES FEMMES

La loi italienne du 11 février 1886 protège le travail des
enfants, mais non pas celui des femmes. Elle a fait l'objet
d'une circulaire du ministre Grimaldi, d'un règlement d'administration publique destiné à en assurer l'exécution et d'un
rapport présenté, tout récemment, à la Chambre des députés
sur l'application de ladite loi, depuis la mise en vigueur
jusqu'au 30 juin 1890.

La loi de 1886 est la première et, jusqu'à présent, la seule
qui ait été faite en Italie pour la protection des ouvriers. Elle
édicte quatre prescriptions fondamentales :

1° Défense d'admettre les enfants à travailler dans les ateliers industriels, dans les carrières et les mines, avant qu'ils
aient atteint l'âge de 9 ans, et, s'il s'agit de travaux souter-
rains, l'âge de 10 ans ;

2° Défense de les admettre, même après 9 ans et jusqu'à
15 ans, si leur aptitude physique n'est pas dûment constatée ;

3° Limitation à huit heures de la journée de travail des
enfants de 9 à 10 ans ;

4° Défense d'employer les enfants mineurs de 15 ans à des
travaux dangereux ou insalubres.

Le règlement pour l'exécution de la loi de 1886 a été
combiné sous la pensée prédominante de ne pas jeter un trop
grand trouble dans le fonctionnement des industries. C'est

aussi l'esprit dont la loi s'est elle-même inspirée. Ajoutons qu'on a procédé avec plus de ménagements encore à l'application de la loi et du règlement, en admettant tous les tempéraments et toutes les précautions que la situation des industries, encore mal affermie en Italie, paraissait comporter. Le rapport cité ci-dessus présente à ce propos des informations très détaillées, qu'il est inutile de reproduire ici, et qui montrent dans quelle erreur on tomberait si l'on s'en rapportait uniquement au texte législatif pour juger de la protection assurée à l'enfance dans le royaume.

D'autres observations permettent d'apprécier comment la protection de l'enfance est entendue et observée dans chaque province, tant par les populations intéressées que par l'administration. On y voit notamment la place importante que les enfants occupent dans le personnel des ateliers du Nord, consacrés au travail de la soie. On peut se rendre compte des abus qui se perpétuent dans les provinces du Sud et en Sicile, malgré la vigilance des autorités, par le fait d'habitudes traditionnelles et de la condition souvent misérable des populations.

Ces observations expliquent l'insistance que les délégués italiens ont apportée à la Conférence de Berlin pour résister au mouvement qui entraînait leurs collègues à fixer à 12 ans l'âge minimum que les enfants doivent avoir pour être admis à travailler dans les établissements industriels. Leur attitude était motivée et par la précocité des races méridionales et par les besoins spéciaux de l'industrie de la soie. On ne peut donc que rendre hommage au sentiment qui les a décidés à admettre le minimum de 10 ans, qui dépasse d'un an celui fixé par la loi de 1886.

Comme nous l'avons dit plus haut, aucune protection législative n'est encore octroyée aux femmes. Deux tentatives ont été faites, cependant, dans cet ordre d'idées. Un projet de loi, présenté en 1879 par le ministre Cairoli, interdisait d'admettre les femmes à travailler pendant les deux premières semaines qui suivent leur accouchement. La même interdiction se rencontrait dans un projet présenté, en novembre

1879, par MM. Minghetti et Luzzati, et qui prononçait en outre l'exclusion des femmes de tout travail souterrain. Mais les deux projets n'ont pas reçu force de loi. On sait qu'à Berlin les délégués italiens ont adhéré à l'idée de doter les femmes d'une protection spéciale jusqu'à 16 ans, pour leur laisser toute liberté passé cet âge. De plus, ils ont admis que les femmes accouchées ne puissent travailler que quatre semaines après leur accouchement.

DURÉE DE LA JOURNÉE DE TRAVAIL

DES ADULTES

La durée de la journée de travail des adultes n'est réglée, en Italie, par aucun acte législatif ou administratif ayant une portée générale ou applicable à des catégories déterminées d'industries. Des observations recueillies dans les diverses provinces du royaume il résulte que la journée peut être fixée en moyenne à 10 ou 12 heures ; mais il faut tenir compte évidemment de nombreuses exceptions motivées soit par des circonstances particulières, soit par la nature même de certaines industries.

TRAVAIL DU DIMANCHE

Il n'existe, en Italie, aucune règle légale qui interdise le travail, ou qui en réduise la durée le dimanche ; mais, d'après un usage observé dans tout le royaume, ce jour est, en général, consacré au repos.

C'est un fait constaté par les rapports de tous nos consuls. A part les grandes villes, où les ouvriers sont souvent contraints par les exigences des industries auxquelles ils appartiennent à travailler le dimanche et les jours fériés, partout ailleurs le repos dominical est de règle. Du reste, ce ne sont pas seulement les dimanches, mais aussi les fêtes religieuses locales qui fournissent des occasions de chômage auxquelles peu d'ouvriers cherchent à se soustraire.

FIXATION ET PAIEMENT DES SALAIRES

Le taux et le mode de paiement des salaires se fixent de gré à gré, d'après les usages propres à chaque industrie. Aucune loi n'a été promulguée ni même proposée, en Italie, pour imposer des règles applicables à ces deux questions et limiter les effets naturels de l'offre et de la demande.

On a déjà donné plus haut des indications précises sur les conséquences de cet état de choses, en ce qui concerne le taux des salaires.

Quant au mode de paiement des salaires, on peut dire que le paiement hebdomadaire fait la règle. C'est généralement le samedi qu'il est effectué. Cependant, de nombreuses exceptions sont signalées. Dans la Ligurie et dans le Piémont, beaucoup d'établissements industriels ne règlent le compte de leurs ouvriers que tous les 12 jours. Dans le Sud, et notamment en Sicile, on cite des industries où la paie a lieu le mercredi et le samedi. Souvent les patrons consentent à des avances. Il serait d'ailleurs sans intérêt de multiplier ici des renseignements détaillés sur ces divers modes de paiement, qui diffèrent suivant les régions et les industries.

RESPONSABILITÉ DES PATRONS

EN CAS D'ACCIDENTS

La responsabilité des patrons en cas d'accidents ne fait encore l'objet d'aucune législation spéciale en Italie.

La question n'est réglée que par les dispositions générales du Code civil (art. 1151 et 1152), calquées sur les prescriptions correspondantes du Code civil français. Depuis longtemps ce système donne lieu à deux ordres de critiques. Pour les uns, il est insuffisant, parce qu'il met la preuve à la charge des ouvriers et que ceux-ci, dans la plupart des cas, ne peuvent ni entamer une action, ni obtenir la réparation du dommage subi. D'autres, au contraire, font observer que les dispositions du Code peuvent déterminer une jurisprudence très favorable aux ouvriers, mais très onéreuse pour les patrons, et absolument inconciliable avec les conditions d'exercice de la grande industrie moderne. (Exposé des motifs du projet de loi présenté par le ministre Miceli en février 1890, en vue de pourvoir aux accidents du travail.)

Pour remédier à l'insuffisance constatée du système consacré par le droit commun, on s'est avisé de faciliter aux patrons et aux ouvriers les moyens de s'assurer contre les risques des accidents du travail. C'est le principe de l'*assurance facultative* qui a tout d'abord été en faveur.

Le 18 février 1883, une convention a été conclue entre le

ministre de l'agriculture, de l'industrie et du commerce, d'une part, et les institutions suivantes, d'autre part :

Caisse d'épargne de Milan ; Caisse d'épargne de Turin ; Caisse d'épargne de Bologne ; Monte de Paschi de Sienne ; Mont-de piété et Caisse d'épargne de Gênes ; Caisse d'épargne de Rome ; Caisse d'épargne de Venise ; Caisse d'épargne de Cagliari ; Banque de Naples ; Banque de Sicile.

Cette convention, qui avait pour objet la fondation d'une *Caisse nationale pour l'assurance des ouvriers contre les accidents du travail*, a été approuvée par la loi du 8 juillet 1883.

La *Caisse nationale* compte maintenant environ 100,000 ouvriers assurés. En outre, la *Société des assurances générales de Venise* réunit environ 30,000 ouvriers assurés à des conditions presque identiques à celles qui sont faites par la *Caisse nationale*. La somme totale des 130,000 ouvriers ainsi assurés représente à peu près la douzième partie du nombre total des ouvriers (hommes) adultes qui travaillent dans les industries de toute espèce du royaume, y compris les plus petits ateliers et l'industrie des bâtiments.

Obtenu après sept ans d'expérience, ce résultat suffit pour démontrer l'insuffisance du système de l'*assurance facultative*. Aussi cherche-t-on, maintenant, à y substituer l'application du principe de l'*assurance obligatoire*.

M. Miceli, ministre de l'agriculture, de l'industrie et du commerce, a présenté à la Chambre des députés, dans la séance du 8 février 1890, un projet de loi ayant pour but d'établir l'assurance obligatoire en faveur des ouvriers dans tous les cas d'accidents du travail. La commission parlementaire chargée de l'examen du projet en a conseillé l'adoption, sous réserve de quelques changements, par un rapport déposé le 7 juin dernier. Mais le vote n'en est pas encore acquis.

La loi projetée imposera aux patrons, dans un certain nombre d'industries, l'obligation d'adopter des mesures déterminées pour prévenir les accidents et protéger la vie des ouvriers ; de plus, elle rendra l'assurance obligatoire pour les ouvriers employés dans certaines industries, et, en général, pour tous ceux qui seront occupés, en nombre supérieur à 10, dans les ateliers où l'on fait usage de moteurs actionnés par des forces inanimées. L'assurance devra être faite, par les soins et aux frais des patrons, à la *Caisse nationale*, ou à d'autres sociétés d'assurances dûment autorisées.

Ces indications suffisent pour donner une idée de l'économie du projet. Une analyse détaillée serait nécessaire pour faire connaître l'état actuel de la question dans les diverses provinces et les divers modes de solution que les usages, à défaut d'une législation spéciale, ont fait prévaloir pour le règlement des difficultés soulevées, entre patrons et ouvriers, par les accidents du travail.

CONCURRENCE FAITE DANS LE PAYS

OUVRIERS NATIONAUX PAR LES IMMIGRANTS ÉTRANGERS

—————

L'Italie est plutôt un pays d'émigration que d'immigration. Un nombre considérable d'adultes quittent le royaume, chaque année, pour aller chercher du travail à l'étranger, notamment en Amérique. Plus de 200,000 personnes se sont ainsi expatriées l'année dernière.

Il n'y a donc pas, et il ne peut pas y avoir d'immigration d'ouvriers en Italie. Donc, pas de concurrence faite dans le royaume aux nationaux par les immigrants étrangers.

Toutefois, l'observation n'est absolument exacte qu'en ce qui concerne les ouvriers proprement dits. L'industrie italienne occupe une proportion relativement élevée d'étrangers, comme ingénieurs, directeurs d'usines ou de chantiers, architectes, chefs d'ateliers et surtout contremaîtres. Dans le Nord comme dans le Sud, on se plaint de la concurrence faite par les Français, les Allemands et les Belges dans les fonctions les plus importantes et les mieux rétribuées, dans celles qui exigent une capacité spéciale et des aptitudes acquises par un stage suivi dans les écoles industrielles et dans des établissements de premier ordre. Le fait s'explique par cette considération déjà notée, que l'industrie manufacturière de l'Italie en est encore à ses débuts ; mais les inconvénients en diminuent de jour en jour, par suite de la formation de sujets capables.

CONFLITS ENTRE PATRONS ET OUVRIERS

LEURS CAUSES HABITUELLES ET LES MOYENS EMPLOYÉS

POUR LES PRÉVENIR

Les conflits entre patrons et ouvriers sont rares en Italie. Ici, comme ailleurs, ils se manifestent sous la forme de *grèves*, dont la cause ordinaire est une demande d'augmentation de salaire, ou quelque réclamation analogue. Mais ces grèves sont elles-mêmes peu fréquentes, et elles restent sans gravité, soit au point de vue de la durée, soit au point de vue du nombre des adhérents.

C'est ainsi que, depuis huit ans, on n'a vu se produire à Gênes que trois ou quatre grèves sans importance. En Piémont, on en cite cinq tentatives, depuis 1885 ; aucune d'elles ne s'est prolongée au delà de 24 heures. En Lombardie, quelques grèves ont duré davantage et motivé certains déploiements de force ; cependant, la conciliation a toujours été obtenue sans de grandes difficultés. Dans les provinces du Sud et en Sicile, aucun exemple de conflit sérieux n'est signalé.

Cet état de choses exceptionnellement favorable est dû en grande partie au caractère discipliné et au bon esprit des ouvriers ; dans les provinces industrielles du Nord, il résulte aussi de ce que leurs conditions économiques sont bonnes, leurs salaires suffisants, leurs ateliers bien tenus et leurs relations avec les patrons satisfaisantes. Sur certains points du territoire, notamment en Sicile, d'autres causes concourent à entretenir la concorde : il faut tenir compte, en effet, du défaut d'avances et de crédit qui met l'ouvrier dans l'impuissance d'entamer la lutte.

Les moyens employés pour prévenir et terminer les conflits diffèrent naturellement suivant les caractères mêmes de ces conflits et suivant les régions. Là où aucun désordre n'est menaçant, les autorités n'interviennent qu'officieusement, pour faciliter la conciliation. Ailleurs, elles recourent à des démonstrations militaires, ouvrent des souscriptions et distribuent parfois des subsides. Ailleurs, elles s'abstiennent d'intervenir dans des contestations où les patrons ont une situation privilégiée qui leur assure l'avantage final. Nulle part on ne signale l'action de conseils de prud'hommes ou de corporations mixtes, destinées à servir d'intermédiaires entre les intéressés.

Quant à la législation, elle n'apporte aucune entrave à la liberté des parties.

Le nouveau Code pénal italien, entré en vigueur le 1er janvier 1890, a modifié notablement la législation antérieure sur les grèves.

Le Code de 1859, qui s'appliquait dans tout le royaume — sauf en Toscane, — ne reconnaissait ni aux patrons, ni aux ouvriers la liberté des coalitions. Il punissait toute entente des patrons ou des ouvriers (art. 385 et 388) qui, sans raison, avait pour but une diminution ou une augmentation de salaires.

Au contraire, le Code toscan de 1853, demeuré en vigueur jusqu'au 31 décembre 1889, avait été l'un des premiers en Europe à consacrer la liberté des coalitions et des grèves, déclarant la grève punissable (art. 203) dans le cas seulement où les ouvriers auraient recours à la violence pour faire cesser le travail.

Le nouveau Code pénal italien a consacré le système toscan. Il reconnaît la liberté de la grève et punit cette dernière seulement quand elle est accompagnée de violences ou de menaces. Il ne tient pas compte des manœuvres coupables ou des ruses frauduleuses qui peuvent être employées.

Les ouvriers et les industriels sont placés sur le même pied pour les effets et les conditions de la responsabilité, comme pour la mesure des peines qu'ils encourent.

ÉCOLES

L'instruction gratuite et obligatoire a été instituée en Italie par une loi du 15 juillet 1877, confirmée et complétée, par la loi et le règlement du 16 février 1888.

Les effets en sont déjà très sensibles, ils tendent notamment à égaliser la diffusion de l'instruction primaire entre les diverses régions du royaume. D'après un recensement fait en 1881, on comptait encore 66 illettrés sur 100 dans la province de Naples, tandis que le nombre n'en était que de 30 sur 100 en Piémont. L'écart a diminué depuis neuf années.

Cependant il est certain que l'instruction élémentaire est encore beaucoup plus répandue au nord du royaume qu'au sud, où la fréquentation des écoles est loin d'être régulière et générale, malgré le soin que les autorités mettent à surveiller l'exécution de la loi.

Les inconvénients de cet état de choses sont, en partie, réparés par l'école régimentaire, où les soldats sont envoyés pendant leur service militaire.

Dans les provinces du Nord et dans les grandes villes, les jeunes gens peuvent compléter leur instruction professionnelle ou technique dans une série d'établissements spéciaux dont la fondation est due à l'État, aux communes, ou à l'initiative privée.

CAISSES DE SECOURS ET DE RETRAITE

———

L'institution de sociétés de secours mutuels s'est considérablement développée en Italie depuis trente ans. Le travail de statistique (v. ci-après p. 48) publié par le ministre de l'agriculture, de l'industrie et du commerce, en fait connaître la situation à la fin de 1885. Beaucoup de sociétés nouvelles se sont fondées depuis lors.

Une loi du 15 avril 1886 a établi certaines conditions fixes que les sociétés doivent remplir pour être reconnues comme personnes civiles.

Disons tout de suite que, sur certains points du royaume, on signale, de la part de ces sociétés, une tendance à s'écarter de la direction assignée par leurs statuts, pour prendre un rôle politique.

A la fin de 1885, le nombre des sociétés de secours mutuels s'élevait à 4,896, comprenant plus de 800,000 associés, c'est-à-dire plus de la moitié des ouvriers employés dans les industries du royaume.

Le plus grand nombre n'admettent que des hommes, et quelques-unes que des femmes ; un cinquième environ admettent des associés des deux sexes. L'objet n'en est pas toujours le même. Subsides pour les accouchements et les frais de nourrice ; pour les familles des associés défunts ; pour les frais d'enterrement ; pour les associés, en cas de mort de certains membres de leur famille ; pour les survivants de la famille en cas de mort de l'associé ; pour les associés, en cas de manque de travail, etc. ; tels sont les buts principaux, que se proposent ces associations.

Les conditions d'admission diffèrent suivant le but de la société. Les principales ont trait à la santé et à l'âge. Les enfants en sont presque toujours exclus jusqu'à l'âge de 14 ans, ainsi que les individus de plus de 50 ou 60 ans. Généralement, aussi, on n'y reçoit que des personnes appartenant à des catégories de professions déterminées, et qui n'ont subi aucune condamnation judiciaire.

Le taux des taxes d'admission et des contributions annuelles varie suivant l'objet et l'organisation de l'association. En général, les taxes sont graduées proportionellement à l'âge.

Les dépenses sociales sont représentées principalement par des subsides alloués en cas de maladie, subsides qui comprennent, outre des secours pécuniaires, les frais de traitement. La quotité journalière de ces subsides dépend des statuts et de l'actif de chacune des associations. Les dépenses d'administration n'atteignent pas, en général, la moitié des dépenses totales.

Pour le détail de ces divers sujets, nous ne pouvons mieux faire que de renvoyer aux renseignements très nombreux et très précis que fournit la publication citée ci-dessus. Les indications qui précèdent sont destinées seulement à donner un aperçu de l'organisation des sociétés italiénnes de secours mutuels et des questions qui s'y réfèrent.

La Chambre des députés a été saisie en 1881, en 1883, en 1885, de trois projets de loi ayant pour objet l'institution d'une *caisse nationale de retraite pour les ouvriers*. Ces projets n'ont pas reçu force de loi.

On peut ajouter qu'un certain nombre de sociétés italiennes de secours mutuels fonctionnent aussi comme caisses de retraites. Par exemple, celles qui sont instituées près des compagnies de chemins de fer entretiennent un service de pensions pour les ouvriers et pour les employés. Un grand nombre des sociétés de secours mutuels constituées parmi les ouvriers, soit de certaines industries, soit de plusieurs industries réunies, ou même sans distinction d'industries, fonctionnent aussi comme caisses de retraite, par des pensions allouées aux vieillards et aux invalides. L'expérience a démontré que ce genre d'opérations n'est recommandable que s'il impose seulement à la société l'allocation de subsides variables suivant ses ressources ; des engagements fixes, juridiquement obligatoires, sont toujours un danger pour une société qui ne compte que quelques centaines d'associés.

INSTITUTIONS COOPÉRATIVES

Les institutions coopératives comptent en Italie beaucoup de partisans, comme en témoignent les congrès spéciaux réunis à Milan en 1886 et 1887, et à Bologne en 1888. Le nombre en est aujourd'hui considérable, surtout dans le nord du royaume. Les unes sont reliées à des sociétés de secours mutuels, dont elles complètent le fonctionnement ; les autres sont nées et ont grandi spontanément, en dehors de l'initiative de toute autre association.

Sans tenir compte de celles qui ont pour objet de fournir des crédits à leurs associés et auxquelles un paragraphe spécial est réservé, on peut classer les sociétés coopératives italiennes en deux groupes principaux : les sociétés de production et les sociétés de consommation.

1° *Sociétés de production.* — Il y en a de diverses espèces : laiteries sociales, sociétés de travailleurs, sociétés de maçons, sociétés industrielles, sociétés pour la fourniture de matières premières et pour la vente de produits en commun, etc. On en signale près de 500, parmi lesquelles presque la moitié sont constituées conformément aux prescriptions du Code de commerce et ainsi reconnues légalement.

2° *Sociétés de consommation.* — C'est la forme sous laquelle la coopération s'est le plus développée en Italie. On n'y compte pas moins de 681 magasins de consommation, parmi lesquels 187 sont légalement constitués et reconnus, 205 non reconnus et 289 annexés à des sociétés de secours mutuels.

Nous n'entreprendrons pas de décrire ici le mécanisme de ces institutions, les buts divers qu'elles se proposent, les moyens qu'elles emploient pour y parvenir, les difficultés qu'elles rencontrent, les résultats qu'elles obtiennent en fait. Toutes ces questions sont traitées magistralement dans un rapport présenté en 1890 par le directeur général de la statistique à la commission consultative sur les institutions de prévoyance et de travail. On trouvera dans ce remarquable travail tous les éléments nécessaires pour juger du développement des institutions coopératives en Italie.

HABITATIONS OUVRIÈRES

Les mesures prises, en Italie, en vue de faciliter aux ouvriers l'acquisition ou la jouissance d'habitations convenables, peuvent se diviser en trois catégories.

1° Les premières sont dues à l'action de sociétés qui ont pour but la construction de maisons ou habitations ouvrières, c'est-à-dire de maisons à prix peu élevé, comprenant une seule pièce ou un petit nombre de pièces, et concédées en location ou même en propriété, moyennant un loyer ou un prix proportionnel.

La plupart des associations qui se proposent un semblable but sont des sociétés coopératives. Sur cette partie spéciale de leur organisation, la publication déjà citée au chapitre précédent fournit, aux pages 35 à 56, des renseignements détaillés.

2° Il existe, en outre, quelques autres sociétés ou entreprises industrielles qui construisent des maisons ouvrières dans une pensée de spéculation privée.

Jusqu'à présent, le Gouvernement n'est pas intervenu pour faciliter, par des mesures législatives spéciales, la construction de maisons ouvrières. On peut cependant citer la loi du 8 janvier 1885, relative aux améliorations de la ville de Naples, et dont les autres communes peuvent se prévaloir pour remédier aux inconvénients qui résultent de l'insalubrité des habitations ou des eaux potables.

3° Dans le même ordre d'idées, il faut mentionner les *garnis spéciaux*, que l'industrie privée a ouverts dans les villes où se rencontrent de grandes agglomérations d'ouvriers. L'administration ne s'en occupe que pour exercer une surveillance au point de vue de l'hygiène et de la sûreté publique.

SOCIÉTÉS DE CRÉDIT ET BANQUES POPULAIRES

Nulle part plus qu'en Italie, peut-être, les institutions de crédit populaire n'ont pris, en ces dernières années, un plus rapide développement. On n'en comptait, en 1883, que 250 dans le royaume; elles atteignaient, en 1888, le nombre de 692. L'ensemble de leur patrimoine (fonds de réserve et capital versé), qui n'atteignait pas 65 millions de francs en 1883, s'élevait à 110 millions cinq années plus tard. Les causes de cette augmentation rapide doivent être attribuées à la propagande des institutions mêmes, à l'action des congrès, et surtout aux dispositions du nouveau Code de commerce, qui applique aux banques populaires des règles appropriées à leur caractère et aux besoins actuels de leur clientèle, en conciliant les garanties de responsabilités nettement déterminées et du contrôle des comptes avec les avantages d'une liberté nécessaire.

A ces institutions de crédit populaire il convient d'ajouter les caisses d'épargne et quelques centaines de petites caisses de crédit personnel (prêt sur l'honneur) annexées aux sociétés de secours mutuels.

Nous n'entreprendrons pas ici l'étude de ces institutions diverses qui peuvent nous fournir, dans leurs multiples combinaisons, des exemples profitables; il y faudrait des volumes.

Le plus simple et le plus sûr est de renvoyer aux publications que le ministère de l'agriculture, de l'industrie et du commerce a consacrées en dernier lieu à ces associations ; on y trouvera les renseignements les plus complets et les plus précis sur leur nombre, sur le mode et les conditions de leur fonctionnement, sur leur situation financière[1].

Ici s'arrête la série des informations qu'il a été possible de réunir sur les divers objets signalés à l'attention de l'ambassade. Par suite du développement encore peu avancé de la grande industrie, par suite aussi du tempérament et des qualités propres à la race, la question ouvrière n'a pas, en Italie, un caractère critique. Cependant les pouvoirs publics n'y sont pas demeurés indifférents, et ils ont su y adapter des dispositions législatives dont l'expérience a consacré la valeur. Sur certains points spéciaux, l'initiative particulière, s'inspirant du sens politique et du génie pratique de la nation, a imaginé et perfectionné des combinaisons ingénieuses, auxquelles on pourra sans doute faire de profitables emprunts.

BILLOT.

1. Nous nous bornerons à citer le titre de ces publications :
Les Sociétés coopératives de crédit et banques populaires, les sociétés ordinaires de crédit, les sociétés et instituts de crédit foncier en l'année 1887 ;
Bulletin mensuel de la situation des instituts d'émission, 31 mai 1890 ;
Statistique des banques populaires (année 1887) ;
Bulletin semestriel des caisses d'épargne ordinaires : situation au 31 *décembre* 1889.

ANNEXES

ANNEXE I.

Relevé approximatif du nombre des patrons et des ouvriers qu'ils emploient.

––––––

On peut trouver des renseignements approximatifs concernant le nombre des patrons et des ouvriers qu'ils occupent dans le dernier recensement de la population, fait le 31 décembre 1881, et d'autres renseignements plus exacts dans la statistique industrielle dressée postérieurement, mais non encore terminée.

Dans le bulletin de ménage du recensement, chaque individu devait déclarer sa profession et en outre s'il était patron ou directeur (sous cette rubrique étaient compris également les fils de patrons ou de directeurs, exerçant la même profession que leur père sans recevoir de salaire fixe), ouvrier, homme de peine, commis, ou, d'une manière générale, employé ou salarié.

En conséquence, dans la catégorie des patrons on a également classé les artisans qui entreprennent des travaux en leur propre nom, lors même qu'ils les exécutent sans l'aide d'employés, et on a considéré comme ouvriers ceux qui prennent du travail aux pièces, à domicile, pour le compte d'autrui, soit d'une manière continue, soit pour quelques semaines ou mois dans l'année.

Pour certaines industries, telles que les mines, les travaux de métallurgie, les carrières et les fours, les salines, les manufactures de tabac, les fabriques de spiritueux, de bière et d'eaux gazeuses, il existe des renseignements officiels qui peuvent être considérés comme exacts, étant recueillis chaque année et très soigneusement contrôlés par les agents préposés à ces travaux.

En puisant à ces diverses sources d'informations, on a dressé le tableau ci-après, dans lequel se trouve indiqué, avec exactitude dans certains cas, dans quelques autres d'une manière approximative seulement, le nombre des patrons et des ouvriers occupés dans les fabriques, sinon pour toutes les industries, du moins pour celles qui ont une importance majeure dans le royaume.

PROFESSIONS.	PATRONS.	OUVRIERS.	OBSERVATIONS.
Mines.	654	47,063	Statistique minière.
Carrières	1,600	40,000	Idem.
Fours.	5,300	60,000	Recensement de 1881.
Salines	36	4,650	Idem.
Industrie textile, non compris les tisserands à domicile.	4,500	300,000	Statistique industrielle.
Chapeaux.	3,800	17,300	Recensement de 1881.
Fabricants de tricots, de gants, de boutons, d'ombrelles, d'éventails.	2,200	27,500	Idem.
Fabricants de papiers et tapisseries.	2,100	20,000	Idem.
Typographes et lithographes	1,542	17,500	Idem.
Produits chimiques, y compris les industries de fabrication de matières explosibles.	2,850	12,730	Statistique industrielle.
Ateliers de mécanique, privés et de chemins de fer.	4,569	27,300	Idem.
Arsenaux de terre, chantiers et fabrication d'armes et de munitions.	2,750	23,300	Recensement pour les patrons et statistique industrielle pour les ouvriers.
Travail des minéraux et des métaux.	2,300	22,879	Pour les ouvriers, statistique industrielle ; pour les patrons, on a admis qu'un patron occupe en moyenne dix ouvriers.
Spiritueux, bières, liqueurs, eaux gazeuses.	3,697	4,850	Pour ce qui concerne les patrons, on a indiqué le nombre des fabriques d'après la statistique des impôts ; quant aux ouvriers, on a donné le chiffre du recensement.
Tabacs et cigares (ateliers).	18	15,570	Statistique des tabacs.
Véhicules et carrosses. . .	3,500	7,700	Chiffres du recensement.
Salaisons et fabriques de conserves de thons, sardines, anguilles, huîtres, « mitili »	30	2,500	Statistique industrielle.

PROFESSIONS.	PATRONS.	OUVRIERS.	OBSERVATIONS.
Conserves de fruits, légumes, fruits confits.	50	500	Pour les patrons on a indiqué le chiffre des fabriques d'après la statistique industrielle. Le nombre des ouvriers a été calculé en admettant que chaque fabrique occupe en moyenne dix ouvriers.
Meunerie, pâtes et matières alimentaires, émondage du riz.	30,500	123,000	Pour les pâtes et l'émondage du riz, recensement de 1881 ; pour la meunerie, statistique industrielle.
Panifications mécaniques, militaires et autres.	43	2,000	Statistique industrielle.
Tanneurs	1,400	10,700	Idem.
Fabricants d'objets de cuir ou de peau pour voyages.	320	986	Recensement de 1831.
Fabricants de meubles . . .	2,815	9,425	Idem.
Fabricants de lits en fer . .	78	345	Idem.
Fabricants d'instruments scientifiques et d'instruments de musique.	500	1,500	Idem.
Total	77,172	799,298	

Nombre des sociétés de secours mutuels en 1885.

(Renseignements extraits de la *Statistique des sociétés de secours mutuels* publiée en 1888 par le ministère de l'agriculture, de l'industrie et du commerce.)

Avant l'enquête effectuée à la fin de 1885, il avait déjà été procédé, à trois reprises différentes, en 1862, 1873 et 1878, à la statistique des sociétés de secours mutuels existant dans le royaume. A ces époques, beaucoup de sociétés s'étaient abstenues de répondre au questionnaire proposé par le Gouvernement ; toutefois, le nombre des abstentionnistes n'a jamais été, comparativement, aussi grand qu'en 1885. Voici les chiffres correspondant aux enquêtes successives :

Années.	Sociétés existantes, d'après les indications recueillies par les agents du Gouvernement.	Sociétés ayant répondu à la totalité ou à la majorité des questions.	Sociétés n'ayant répondu à aucune des questions.
1862	443	417	26
1873	1,447	1,146	301
1878	2,091	1,981	110
1885	4,896	3,762	1,134

Les sociétés de création nouvelle sont relativement plus nombreuses dans les provinces méridionales. La fondation de la plus grande partie des sociétés existant dans le Latium et dans les provinces plus méridionales remonte à peine à dix ans.

Nombre des sociétaires.

Le nombre des membres des sociétés qui ont répondu au questionnaire dans les différentes enquêtes, est indiqué ci-après :

Années.	Sociétés.	Sociétaires.
1862	417	111,608
1873	1,146	218,822
1878	1,981	331,548
1885	3,728	573,178

Sur 3,728 sociétés, 1,768 n'ont pas plus de 100 associés ; 1,194 en ont de 101 à 200 ; 643, de 201 à 500 ; 94, de 501 à 1,000 ; 29, plus de 1,000.

Classification des sociétaires.

2,861 sociétés n'admettent que des hommes, 109 admettent seulement des femmes et 792 admettent des sociétaires de l'un et de l'autre sexe ; sur les 109 qui n'admettent que des femmes, 41 se trouvent dans le Piémont ; il n'y en a aucune dans les provinces situées au sud de Rome.

La classification des sociétés par profession ne peut être qu'approximative. Nous devons nous borner à additionner les chiffres totaux des membres de chaque société suivant les professions indiquées dans les statuts respectifs pour l'admission des sociétaires. On pourrait obtenir une classification plus exacte par le dépouillement des bulletins individuels qui ont été réunis pour établir, par âge, sexe et profession, la statistique de la fréquence et de la durée des maladies ; mais les données ainsi recueillies sont très restreintes, la plus grande partie des sociétés ne s'étant pas rendues à l'invitation du Gouvernement de procéder au dépouillement de leurs registres et d'en transcrire les indications spéciales sur les bulletins individuels.

TABLEAUX.

NUMÉROS D'ORDRE.	CLASSIFICATION DES SOCIÉTÉS d'après LA PROFESSION DES SOCIÉTAIRES.	SOCIÉTÉS qui ont répondu au questionnaire.		SOCIÉTÉS qui n'ont pas répondu au questionnaire.		TOTAUX.	
		Nombre des sociétés.	Nombre des sociétaires.	Nombre des sociétés.	Nombre des sociétaires.	Nombre des sociétés.	Nombre des sociétaires.
1	Anciens militaires, « reduci », vétérans	171	26,305	54	9,971	225	36,276
2	Cultivateurs et journaliers. . . .	108	14,639	34	5,670	142	20,309
3	Commerçants, employés de commerce, clercs, etc.	45	6,723	21	3,414	66	10,137
4	Instituteurs, professeurs et personnel enseignant	16	6,872	5	1,501	21	8,373
5	Fourniers, boulangers, fabricants de pâtes, meuniers et panetiers.	25	3,243	31	3,575	56	6,818
6	Ouvriers des industries textiles.	18	4,392	11	1,667	29	6,059
7	Bateliers, mariniers, pêcheurs et gens de mer.	17	2,609	22	2,854	39	5,463
8	Mécaniciens, tourneurs, fondeurs en métaux, taillandiers	17	2,144	20	3,017	37	5,161
9	Cordonniers	41	2,764	23	2,232	64	4,996
10	Menuisiers, calfats, ébénistes et ouvriers en bois	24	2,138	26	2,753	50	4,891
11	Typographes, lithographes. . . .	21	3,236	15	1,602	36	4,838
12	Employés en général	10	2,983	8	1,781	18	4,764
13	Valets de chambre, cochers et gens de service	22	3,196	12	1,362	34	4,558
14	Maçons	26	2,411	17	2,125	43	4,536
15	Machinistes, chauffeurs et personnel subalterne des chemins de fer.	4	3,138	3	1,054	7	4,192
16	Marbriers, tailleurs de pierres. .	11	1,177	9	1,911	20	3,088
17	Voituriers, conducteurs, cochers, charretiers.	10	1,935	5	780	15	2,721
18	Tanneurs, pelletiers, gantiers . .	9	1,079	12	1,627	21	2,706
19	Coiffeurs et perruquiers.	30	2,129	6	456	36	2,585
20	Chapeliers	22	1,661	15	800	37	2,461
21	Musiciens, personnel d'orchestre et de théâtre.	16	1,440	1	800	17	2,240
22	Ouvriers en tabac	2	1,079	2	1,085	4	2,164
23	Tailleurs.	20	1,558	8	434	28	1,992
24	Portefaix.	11	902	9	1,065	20	1,967
25	Bijoutiers, joailliers et horlogers.	14	1,465	5	330	19	1,795
26	Bouchers	11	1,009	7	784	18	1,793

NUMÉROS D'ORDRE.	CLASSIFICATION DES SOCIÉTÉS d'après LA PROFESSION DES SOCIÉTAIRES.	SOCIÉTÉS qui ont répondu au questionnaire.		SOCIÉTÉS qui n'ont pas répondu au questionnaire.		TOTAUX.	
		Nombre des sociétés.	Nombre des sociétaires.	Nombre des sociétés.	Nombre des sociétaires.	Nombre des sociétés.	Nombre des sociétaires.
27	Cafetiers, liquoristes, pâtissiers, confiseurs	8	815	6	911	14	1,726
28	Prêtres	4	1,603	"	"	4	1,603
29	Médecins, chirurgiens, pharmaciens, vétérinaires et personnel sanitaire en général	10	1,242	3	352	13	1,594
30	Vernisseurs, peintres, stucateurs.	5	286	11	924	16	1,210
31	Tapissiers, décorateurs et doreurs.	9	520	5	685	14	1,205
32	Potiers	4	716	"	"	4	716
33	Vitriers	1	49	6	648	7	697
34	Selliers et bourreliers.	3	304	1	300	4	604
35	Teinturiers.	2	68	3	418	5	486
36	Avocats, avoués, ingénieurs, architectes.	3	371	1	60	4	431
37	Professions et métiers divers (ouvriers en boutons, relieurs, pompiers, blanchisseurs, cardeurs, papetiers, mineurs, briquetiers, lampistes, marchands de poissons, graveurs, corailleurs, etc.).	66	7,806	60	6,737	126	14,543
38	Cultivateurs et artisans	512	62,520	52	6,506	564	69,026
39	Ouvriers en général	1,861	323,008	317	62,097	2,178	385,105
40	Sociétés désignées sous le terme générique de sociétés de secours mutuels	519	71,643	243	32,808	762	104,451
		3,728	573,178	1,089	167,102	4,817	740,280

N. B. — Dans ce tableau ne sont pas comprises 79 sociétés dont on ne connaît pas même approximativement le nombre de sociétaires. Parmi ces 79 sociétés se trouvent 4 associations de secours mutuels pour les agents des chemins de fer.

TABLE DES MATIÈRES

Nancy, imprimerie Berger-Levrault et Cie.